ムスメからおとうさんへ。

いろんなキモチぐるぐる

k.m.p.
なかがわ みどり　ムラマツ エリコ

東京書籍

はじめに。

わたしたちは、ともに
「おかあさん」をテーマに、本をかいてきました。

そこに登場する「おかあさん」は、幼い頃の二人の母たちがモデルですが、
思い出す情景や母への思いには、共通するものが多く、
違和感なく、ひとつのおかあさん像として描くことができました。

その本をかいたあと、あちこちから
「おとうさん」編を、というお話がありました。
でも、かけませんでした。

それは、わたしたちの父が、あまりにも違っていたからです。
おとうさん像は、ひとつにはなりませんでした。

最近、わたしたちは、相次いで父を亡くし、
それを機に、それぞれに、父への思いをつづってみました。

それは、想像通り、
まったくといっていいほど共通する点がないものでしたが、
もしかしたら、その、

ムラマツエリコ
なかがわみどり

〈まったく違う〉というのが、
「おとうさん」というものなのではないか、
という思いにいたりました。

もちろん、おかあさんだって、いろいろです。
でも、「おとうさん」という存在は、
もっと、〈それぞれ〉ではないかと。

なので、この本の
第1章は、なかがわの「おとうさん と あたし。」、
第2章は、ムラマツの「おとうさん と あたし。」。
両極端な、おとうさんとの間柄、おとうさんへの思いです。

そして第3章では、
多くの方々に、「ムスメから おとうさんへ。」と題して
おとうさんへの思いを語っていただきました。

この本が、
「あなたと あなたのおとうさん」を
考えるきっかけになりましたら、
うれしく思います。

大好きなおとうさんも、
憎いおとうさんも、
すぐ隣にいるおとうさんも、
もういないおとうさんも、
顔も知らぬおとうさんも。

全部、おとうさん。

もくじ。

はじめに。 2

第1章 おとうさん と あたし。 なかがわ みどり 5

走馬灯 ちいさかった頃 70

第2章 おとうさん と あたし。 ムラマツ エリコ 77

走馬灯 子どもだった頃 104

第3章 ムスメから おとうさんへ。 寄稿 111

走馬灯 思春期〜そして今 132

あとがき。 142

著者紹介・奥付 143

第1章

おとうさんとあたし。

なかがわ みどり

父が病に倒れてから、
母からの電話が鳴ると、
どきどきするようになった。
通話ボタンを押すまでに
無意識に小さな深呼吸をしている。

母の第一声が明るいと、ほっ　とする。

西日さす病室。
ベッドで眠る父、
椅子でうたた寝する母、
そして、私。

この空間は、
この瞬間は、
しあわせなのか、
寂しいのか。

過去から見れば、
きっと
寂しい光景だろう。

でも、
未来から見ればきっとこの瞬間は、
奇跡的で、もう戻れない、
あたたかいものなんだろう。

杖をついて道を行く、
八十歳をゆうに超えるおじいさん。
今までは、
大変だな、という思いで見ていたけど、
今は、
その年になっても
自分で歩いて、自分で買い物をして、
なんてしあわせか、
と思ってしまう。

ほんの二年前、
一緒に山登りしたね。
息が切れて、すぐ休んでしまう私と妹を、
少し先で待っていてくれたおとうさん。

父と母が、月に一度、
私の家に遊びに来る。
二人が乗るその車を見送りながら
いつも思った。

「しあわせだな。
でもこれは、ずっとじゃないんだ。
いつか終わるんだ」

でもその時は、
それでもまだまだ先、
と思っていた。

がんの専門病院。
病院の廊下を行き交う人は
みな同じように見えるけど、

緑のカルテを持っている人（患者さん）と、
番号札を首から下げている人（面会に来た人）、

背負っているものの
ずいぶんと違うこと。

父に家にいてほしい、
世話は いとわないと言う母、
しかし、病院を選んだ父。
家族に苦労をかけるのは耐えられない、と言う。
それを、寂しく感じながらも
「おとうさんはえらいね」と尊重する母。
どちらも、相手を思う気持ちは同じ。

母を、電話口で強い口調でとがめてしまった朝。
病院に着いて、並んで長椅子に座っていた時、
絞り出すように
「さっきは ごめんね」
とだけ言えた。
「全然大丈夫だよ」と言う母の背中に手をやった。
そんなことをしたのは はじめてだ。

数年前、父と二人で旅をした。
「いつかアメリカに行ってみたいなあ」と、時折つぶやいていた父。
その頃父は、定年退職後のアルバイトをしていて、
シフト制のため休みがとりにくく、
そこを辞めてから行こうと思っていたらしい。
でも私は、そんな父に、
「行こうよ、いつかじゃなくて、決めちゃおう!」と、提案した。
自分でもおどろくほど強引に、
数カ月先に日にちを定め、着々と準備をした。

帰ってきてから、父は、ことあるごとに
「いつかいつか、じゃ、だめなんだなあ。
決めたら行けちゃうものなんだなあ。
あの時みーちゃんが『行こう!』って言ってくれたのがよかったなあ」
と、私のその時の決断力に感心していた。

じつは自分がいちばんおどろいている。
おとうさんと二人で旅しようと思ったこと。
先送りタイプの自分に、そんな決断力があったこと。

父が旅行をしたいと言った時、
最初は当然、母と三人で、と考えていた。

でも、父は、スタンプラリーのように
できるだけたくさんの観光名所を制覇したいタイプ。
個人旅行では、それは難しい。
一方、母は、一ヵ所にじっくり滞在し、
観光よりも、地元の市場で買い物したりしてのんびり過ごしたいタイプ。
そして腰が悪いので、ツアーなどで人に合わせて歩くのは無理。

なので、無理に三人で旅するより、
別々につき合ったほうがいいな、
という結論に達した。

で、父と二人で、よくばりなツアーに参加した。

ナイアガラの滝、
ニューヨーク、
ラスベガス、
グランド・キャニオン……
行く前は、大自然が見たいと言っていて、
確かにそれらに感動していたけど、
帰ってきてから思い出して話すのは、
自由時間に二人でまわったニューヨークの話ばかり。
ただただ二人でセントラルパークを延々歩いたり、
地下鉄に乗って（誰もいない）ヤンキースタジアムに行ったり。

私もやっぱり、
その小さな冒険が、
いちばん楽しかったよ。

同じツアーの方たちに
「えらいわねえ。（いいわねえ、すてきねえ、とも）
おとうさんと一緒に旅するなんて」
って、何度も何度も言われた。
たしかに、父と二人旅なんて、
ちょっと前まで考えたこともなかった。
そして、自分の想像以上に、
世間でも珍しいことのようだ。
でも、「まさか」「ありえない」と
思っている人がいたら、
今は言ってみたい。
「ちょっと考えてみたらどうかな。
意外と、いけるものだよ」

その後、父とは、
ヨーロッパへも行った。
その時のガイドさんのお父様が、
つい最近身体を壊し旅行ができなくなったそうで、
「親孝行はできるうちにしないとだめよ。
いつまでも元気と思ったら大間違いよ」
と脅すように言われた。
その時は
(だからこうして来ているんじゃん)
と思ったけど、
彼女の言う通り、
ほんとに、親は、
いつまでも元気じゃないことを、
この時は、こんなに早く思い知るとは
思っていなかった。

父は、お上品とは言い難く、
ごはんは かき込むように食べるし西洋的マナーも知らないので、
ツアーで恥ずかしくないかと行くまでどきどきしていたが、
おどろくことに、まったくその心配はなかった。
食事は、ツアーのみんなと歓談しながら
ゆっくりと食べているし、
まわりへの気配りもある。

あとで母にそう言うと
私に恥をかかせないようにと、
行く前から肝に銘じていたんだとか。

その努力が、いとおしいと思う反面、
できるんじゃん、
だったら日頃、母と行くファミレスでもやってくれればいいのに、
と、ちょっと思った。

そもそも父とは
そんなに仲がよかったわけでもない。
二人きりになると話題が見つからないという、
よくある父娘の間柄。
父はスポーツが大好きで、
スポーツをがんばってる子はエライ!
と単純に考えているタイプ。
一方私は、運動会前日に寝込むほど、運動が苦手だった。
だからといって父は、
私を叱咤することもダメ扱いすることもなく、
かといって、
得意な科目でいい点とったり習い事の発表会があっても
褒めてくれるわけでもなく、
お互い、言いたいことは母を通して……
父親とは、そんなものかと思っていた。

妹は、甘え上手だった。
私は甘えた記憶がない。

でも、父も母も、
妹だけをかわいがるということはなかった。

「こんなに かわいげのない子を
よく平等に扱ってくれたね」と言ったら、
二人ともおどろいた顔をしていた。

妹が「孫」を産み、
その孫の運動神経がよくて、
自分が監督をしている少年野球に
参加するようになると、
うれしくて仕方がないようす。
喜々とした父を見て、あらためて、
ああ、私はこんなふうに
父を喜ばせてあげられてないんだなと思った。
恨みでも後悔でもなく、ただ、すなおに、
誇らしく思ってもらえることが
あったらよかったのになあ、と思った。

そんな父が、
私を誇らしく思ってくれることがあった。
それは、私の「仕事」に対してだが、
でもそれは、この仕事をはじめて、
だいぶ経ってからのことだった。

それは、私が
「父の知っている出版社」から本を出したことと、
「父の知り合いが、私の本の愛読者だった」こと。
……そう、有名な会社や他人が認めて、はじめて
「すごい」、ってことになるらしい。

母も妹も、私が何者でもない時から
ずっと変わらずに応援してくれていたというのに。
ほんとに単純だ。

……と、あきれつつも、
やっぱり、父の誇りになるというのは
はじめてだったので、うれしかった。

定年してからの父は、とても充実した日々を過ごしていた。
一年ほどゴルフ三昧などで自由に過ごしたあと、
五年ほど事務系のアルバイトをし、
そのあと、また五年ほど、みなとみらいで清掃の仕事をしていた。

その仕事はお昼で終わるので、
そのあと横浜で、ランチを食べたり新しい観光スポットをまわっているんだと、
うれしそうに話していた。

その仕事を辞めたあとは、鎌倉や三浦半島のトレッキングの本を買って、
全コースを制覇するんだと、毎日のように出かけていた。

そして週末は、少年野球の指導、孫たちをどこかに連れていったり、
たまに、家族旅行もして。

少年時代は貧しく、結婚してからは単身赴任が多く、
週末に帰っても、大きくなった私たちからは構われることもなかった父。

ああ、この最後の十数年が、父にとって充実したものであってよかった。

そんな、自由に飛びまわっている父に、母はいつも不満そうだった。
「好きで鎌倉へ行くのに、お弁当を作れだなんて」など。
いつも、なぜこんなに？と思うほど、父に文句ばかり言っていた。

それが、父の病がわかってからの一年半、
あまり出歩けないようになり、自然と、二人して家にいることが増えた。
一日中、父が家にいて、朝昼晩 二人でごはんを食べて……

さぞ母のストレスがたまっているのではと思いきや、
「おとうさんと一緒にごはんを食べながら、
テレビに向かって、ああだこうだ、意見を言い合うの。
その時間がほんとに楽しいの。今がいちばんしあわせ」
と、うれしそうに言った。
母自身も、父と二人ということを、こんなに楽しく思える自分が意外、というかんじ。

母は、ずーっと、おいてけぼりな気分だったんだろうか。

父が病気になったことは残念だけど、
二人が最後に、こんな時間を過ごせたこと、
母が、父を大切な人だと再認識できたこと……
悪いことばかりじゃない。

定年後、清掃の仕事を誇り高くやっていた父だった。
父が清掃を担当している会社の、コピー機のまわりの床に、
いつも、ホチキスの針が捨てられていて、
それを毎日、黙々と拾っていたという。
拾っても拾っても捨てられていた針が段々と減っていき、
ついになくなったんだよ、って、
うれしそうに話してくれた。

またある日、
その会社の誰かが具合が悪くなり、床を汚してしまったという。
それを見た若い社員が
「プロの方、お願いしますよ！」と、父を呼んだという。
「プロって言われてうれしかったよ」
と父は誇らしそうに言った。

その話を聞いて、私は、ちょっと嫌味っぽい社員だな、と思ってしまった。

でも、そんなうがった見方をしない、
素直な心を持つ父なのだった。

大人になってからも、父という存在は、
ちょっと恥ずかしく、他人にはあまり見せたくないものであった。
服のセンスもないし、みためも言うこともかっこよくないし、と。
その思いを変えてくれたのは、仕事の相棒（ムラマツ）だった。

彼女がはじめてうちに遊びに来た日、私と妹が、父の服装に対し、
「もー、おとうさん、お客さんの前でその服、みっともないでしょ！」と言い、
父はそれに対して、「そうか？ごめんごめん、あっはっはー」と笑った。
私たちは、恥ずかしい気分でいっぱいだったが、
相棒は、そのやりとりにおどろき、そのあと、ゲラゲラと笑いはじめた。

私たちがポカンとしていると、
「自分の家では、おとうさんにそんな言い方をするなんて考えられない」と。
さらに、そう言われた父が怒りもせず笑っていることに、衝撃を受けたのだという。

私たちは、本当に父に対してイライラしていたんだけど、
あまりに笑う彼女を見て、
そっか、父がダサいのは、腹を立てるんじゃなくて、笑えることなんだ、と
なんかヘンな納得の仕方だけど、私たちも、彼女以上に衝撃を受けたのだった。

また、食事中に席を立った父に、私や妹が
「あ、おとうさん、ついでにお水持ってきて～」
と言った時も、
彼女は固まっていた。

おとうさんに用を言いつけるなんて、
それも、おとうさんが
「オッケー」と言って
水を持ってきてくれるなんて、と。

その時は、そんなおおげさなーと笑ったが、
そのあと、彼女の家の事情を知り、
父の、そんな威張らない態度が、
うちの家族を作ってくれていたのかもしれないなと
思うようになった。

父が、がんの宣告をされた。
いきなり、非常に厳しいものだという。

それでも、一年以上は、
抗がん剤治療のため入退院を繰り返しながらも、
週末は少年野球の指導をし、
家族で旅行に行ったり、
食欲も旺盛で、
母に、「そんなに動いちゃダメ」
と怒られるほど、元気だった。

家族も父も、
レントゲンの影の濃さに、一喜一憂しつつも、
絶対克服できると信じていた。

元気な時は、
母を置いて一人で遊びに行ってしまう父だったので、
病気になったらもっとわがままになるのかと思っていたけど、
父は、家族が誇らしくなるくらい、
模範的で礼儀正しい患者なのだった。

朦朧《もうろう》となって、家族には
声も出さず、うなずくだけだった時も、
看護師さんには、
「ありがとうございます」
と言っていた。

以前 母が入院した時、父は、
お見舞いといえば、
たまに来たかと思うと
五分顔を見て「じゃあな」、だった。
そして、家に母がいないのをいいことに、
毎食好きなお刺身を食べたりして。

母は、父が入院している時は、ほぼ毎日通い、
洗濯物を持ち帰り、食事を作って持って来て……

私はちょっと意地悪な気持ちで 父に、

「おとうさんの『お見舞い』って、ひどかったよね」

と言ってみた。

「……ほんと、そうだな」

ちょっと真顔で言われて、とまどった。

ある日、母から電話が来た。
ここのところしんみりとしていた母が、
「ちょっと聞いて、もう、頭きちゃって。
おとうさんが、家のことを
看護師さんやボランティアの方に
ペラペラしゃべっちゃうから恥ずかしくて……
もう病院行きたくないよ……」

父が病気になる前は、いや、悪化する前は、
しょっちゅうこんな電話が来てたっけ。
だから久々の、こんな母の声に、
まるで少し前の日常が戻ったように感じて、
この現実が、一瞬、ウソなのでは？
という錯覚に陥った。

こんな愚痴を聞いてるほうがよかったなあ。

食事を作って
人に食べてもらうのが大好きな母、
そんな母の、この先を思う。

ついこの前まで、
自分で運転して病院へ通っていた父。
先週は車椅子で病院の屋上に行ったね。
今日の散歩は、ベッドに寝たままで……
それでも、一緒に外の空気を吸えて、
気持ちのよい秋の日だね。

八月に、
「九月になったら酸素吸入も取れて、
野球の子どもたちの前に顔を出せるかなあ」
と言っていたという。
それが、九月中頃から背中の痛みが増し、
みるみるうちに歩けなくなっていった。
希望だけが父を支えていたのに。
希望のないこの先に、
父は、私たちは、
耐えられるのだろうか……

会いに行くたびに悪くなっていく父。
一人でトイレに行けなくなり、
そのうち支えても無理になり、管をつけた。
「ああ、楽になった」と何度も何度も言う。
どんなにつらかったのか。ガマンし過ぎだ。

いつもあとから
「じつは つらかった」
「ほんとは すごく痛かった」
などと言うので、
母に、
「もっと早く言ってよ」と怒られている。

父は、手作りカレンダーに、
治療や体調を記録していた。
その先を作るように頼まれ、
「とりあえず二ヵ月分でいいよ」
と言われたけど、
私は意地になって、
四ヵ月分書いた。

「ありがとね」「悪いね」
って、何回も何回も言う。

もう言わないで。悲しくなる。

今までそんなこと言ったことないのに、
最近、何かするたびに言うんだもん。

自由に好きなことをしてた
おとうさんのままでいて。

おかあさんも、
普段言われ慣れてないから、
よけいにつらいんだって！

父の病室で、家族五人がそろった日があった。
私と妹が、弟とちょっとケンカをしていたこともあって、
全員がそろって顔を合わせるのは、久しぶりのこと。
孫も、それぞれの伴侶もいず、
あの頃の五人家族で。
誰も、そのことを口にすることなく、
たわいもない話をする。
父はその日、具合が悪く、
寝ているのか目をつぶっているだけなのか、
よくわからない。
そのうち、私と弟が、昔のように
妹をちゃかしはじめた。
そしたら父が、昔のように
「もうそれくらいにしな」と言った。
目をつぶったままで。

ある日、母と弟が、
病室でクロスワードパズルをしていた。
「ここに入る文字なんだと思う？」と
二人が話し合っていると、
寝ているのかと思った父が、
突然「答え」を発した。
びっくりして笑ってしまった。

父の飲む薬は、
○○の痛み止め、
△△の痛み止め……
……たくさんあるけど、

治すための薬は、もうない。

父が情熱を注いでいた少年野球。
復帰するその日までは、と
あえて子どもたちには連絡を取らずにきていたが、
突然、彼らに手紙を書くから代筆を頼みたいと、
私に言ってきた。

コーチ仲間、高学年、そして低学年の子どもたち、
それぞれに、三通の手紙を代筆した。
大人には、「復帰は難しい」という内容だったが、
子どもたちには、
「がんばるよ。治ったら、
約束していたハンバーグ屋さんに行こう」
という内容だった。

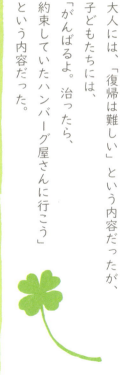

入院前、父が用意していた、
赤い風呂敷つつみ。

その中には、
連絡する人の名簿や、
保険や年金の書類などが
入っていた。

それを、
入院の時には家に置いてきたのに、
持ってきてくれと私に頼んだ、

父の気持ち。

治るると信じていたから
がんばってきたのに。

そうじゃない今、

おとうさん、
おとうさんの心の奥には、
どんな思いが占めているの。

おとうさん、
おかあさん、
そして私。

お互いの心の奥にある不安を隠して、
今日も、たわいのない話をする。

ずっと

「がんばるよ」と
言ってくれていた父が、

ある日、

「覚悟している」

と言った。

緩和ケア。
痛みをやわらげると言いながら、
やはり、死を待つ場所である。
近いうちに死が訪れる患者、
「それまで」という期限付きと考えると、
やさしい看護師さんの笑顔も、
空々しく感じてしまう。
私たちの軽い冗談も、
本当はうそくさい。
絶望にいる父、
不安でたまらない私たち、
静かで、不自然な空間。

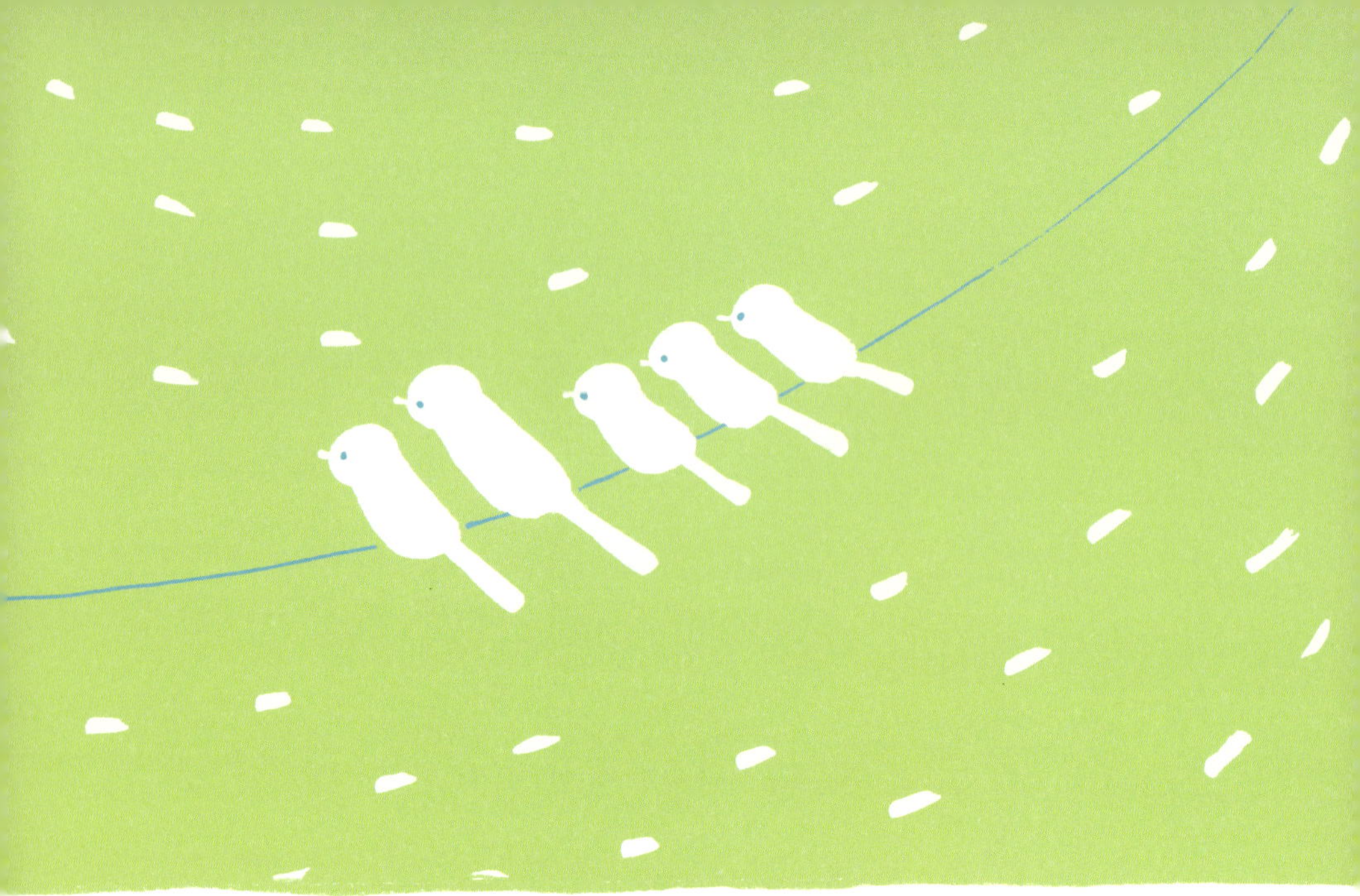

やはりここには希望は無かったのか。
父も、私たちも、
ここへきてもまだ、
希望を持っていた。
奇跡を信じていた。
でも、お医者さんも看護師さんも
そんな私たちが
滑稽《こっけい》に見えていたのだろうな。

この病棟には
二ヵ月しかいられないという。
ある日父が、
その先のことが不安になって
看護師さんに聞くと、
「そんなことは心配しなくて大丈夫ですよー」
明るい声でこたえてくれた。
……と言うのを、母から聞いた。
その頃はまだ比較的元気で、
希望も捨てていなかったので、
それを聞いた母は
複雑な気分だったという。
そして父は、どう思ったのだろうか。

いずれ死ぬ父。
しかしそれは、
私も母も、
医者も看護師も、同じではないか。
人ごとのように父を憐れむのは
傲慢ではないか。

日に日に食欲がなくなる父。
少しでも食べてほしいと思う家族。
父は、それにこたえて、
食べなくちゃ、と思っているようだった。
でもある日私に
「もしがんばって食べて、
命が、半年一年、と延びたとしても、
この状態（背中の痛さ、動悸、息苦しさ）では……」
決して投げやりな言い方ではなかった。
それだけ、身体がしんどかったんだね。

それでもやっぱり
「牛乳が飲みたい」って言われると
うれしくなるよ。
時間が延びた気がして。

いちばん苦手な話は、
私が子どもだった頃の話。
母がいつも言うのは、
父が、生まれたばかりの私がかわいくてたまらなくて、
ほっぺをぺろぺろなめまわしていたとか。

そんな話をしていた時だったか、
それまで笑って話していたのに、
突然、ぶわっと涙があふれてきて
父の前で、声を出して泣いてしまった。
あぁしまった、と思った。
まだお互い、あきらめていない時期だったのに。

しかし今考えれば、
父本人に、父への思いで流した涙を見てもらえるなんて、
しあわせなことじゃないか。
誰にでもある機会じゃない。

死が確実に迫っていることを感じながらの日々は、
つらいものではあるけど、

ありがとうを伝えられる時間がたっぷりあって、
ゆっくりと別れの覚悟ができるってこと。

父も家族も、日々ゆっくりと、
別れを受け入れていく。

いや、無理。

うそ。

そんな かっこよくできない。

「ああ、奇跡が起こらないかなあ」

父がそう言ったのは、
今思えば
亡くなるほんの五日前。

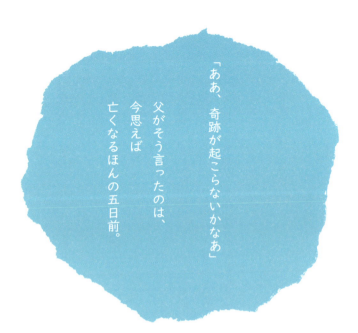

十月十七日
もう目をあけるのもつらそうな父。

そんな父が突然、

「この前書いた手紙、ちょっと書き足したいんだ」

と言った。

読むから口頭で直す？と聞くと、
見て自分で書き直したいと言うので、
大丈夫なのかと思いつつ、ベッドを起こす。
すると、それまで朦朧《もうろう》としていたのがうそみたいに
手紙を読み、ペンを持って修正しはじめた。
もしかしてこのまま元気になるんじゃ？
と思ったほどだった。

「書き直して悪いね」と言うので、
「なんで、いいよ、すごくわかるよ、
あたしも仕事でそうだよ。
見るたびに書き直したくなっちゃうんだよね」
「そっか、みーちゃんもそうなんだ」
と、ちょっとほっとしたように笑った。

身体を起こして文字を書いていたのが うそみたい。
父は、 その日から、
三日と半日で亡くなった。

その手紙を書き終わった次の日、
「もういいかぁ」 というようなことを
言っていたと、
あとで母がおしえてくれた。

十月十九日
病院に行くと、看護師さんに
「今日の朝、大きいほうが出なかったので、指で……」
という話を、明るい笑顔で伝えられた。
看護師さんのご苦労を思うと頭が下がるが、
あぁ、父の尊厳を思うと……
歯磨きも髭剃りも欠かさず、
具合が悪くても、看護師さんが来ると
元気そうな顔を見せようとがんばる、
ちょっと、ええかっこしぃな父。
看護師やスタッフ全員に敬語で話し、
必ず最後に「ありがとうございます」と
言っていた父。
ここ数日、歯も磨けず、髭も剃れず、
どんなに情けない思いだろう。

「手紙を書くの、あの時がギリギリだった。
毎日悪くなっているのを感じる」
絞り出すように言った。

私たち家族はもちろん、
看護師さんだってお医者さんだって、
患者の身体の痛みや心の苦しみはわからない。
そんな孤独も、父の胸の中には　あるだろう。

それなのに私たちは、
かわいそうに、と言いながら、
ちょっと上に立った位置から見下ろしているような気がしてならない。
そこまで到達したことがない、甘っちょろい私たちが。

私が書いたカレンダー、
とうとう、そこに父が記入することはなかった。

十月二十一日
駅に急ぐ道の脇、
雑草の上に丸く光る朝露を
目で追いながら。

「もう息をしてない」ってメール。
もう急いでも……
もうおとうさんは、
どこかに行っちゃった。

お見舞いの帰り際に、
おとうさんがいつも言っていた
「がんばるよ」の声を、
心の中で再生させてみる。

着いたら、もう
ひんやりしていた父の手。
まだ残るぬくもりをさがして、
首のうしろに手をやる。

治ると思ってがんばってたのに、
くやしいね。
治らないんだって思いはじめてからの日々は、
どんなだっただろう。

数日前、
「あぁ、
つくづくしあわせな人生だな」
と、父が言った。
それは本心だろうけど、
その声色の裏に、
父の本心が漏れ聞こえてくる。

「くやしいよ」

「そんなこと、まだまだ先に言いたかったよ」

「まだ奇跡を信じたいよ」

最後まで、達観なんてしてなかったね。
貪欲に生きたいと思い続ける父が
かっこよくて、でも悲しかった。

メモ魔の父が残した入院記録。
その日受けた治療や、
血圧や心拍数が書かれている。
あぁ、すべては治るために。

元気になったおとうさんが、
「いやー、もうまいったよ。
すごい経験した。
一時は死ぬかと思ったよ」
そんなふうに、笑って話してくれる日を、
家族はずっと信じて待っていた。

父が病院で亡くなり、
そのままその病室で葬儀の手配をする。
そしてそこから直接葬儀会場へ向かい、
そこで延々と打合せ……
祭壇は　どれがいいですか。
お料理は　どのくらいにしますか。
香典返しは　いくつご用意しましょうか。
なんだこの一連は。
心がついていかない。
……と思う反面、
淡々としている自分もいて。

ぐったりして帰ってきた実家。
母と洗濯物をとりこむ。
急に、
これから一人で暮らす母を思い
泣いてしまった私に、
「おかあさんは大丈夫だよー」と
明るく笑ってくれる母。
そっか、大丈夫なのか、よかった。

……そんなわけないのに、
その言葉を信じたい、
子どものような自分。

私に涙がやってくる時は、

治ると信じてがんばっていた、父の努力を思う時。
生きる希望を絶たれた、父の無念を思う時。
どんな身体になっても生きていてほしい、
その願いが叶わなかった母の気持ちを思う時。
そして、今この瞬間の、母の心の内を思う時。

お通夜に、
小さな野球選手たちが
たくさん来てくれたよ。
おとうさんの前で、
きれいに一列に並んで、
ちょこんとお辞儀したよ。

おとうさん、見えた？

第1章　終わり

おとうさんと
ムスメの
カンケイは、
ムスメの成長につれて、
くっついたり、
はなれたり。

私を
はじめて見た
おとうさんは、
どんな顔を
していたのかな。

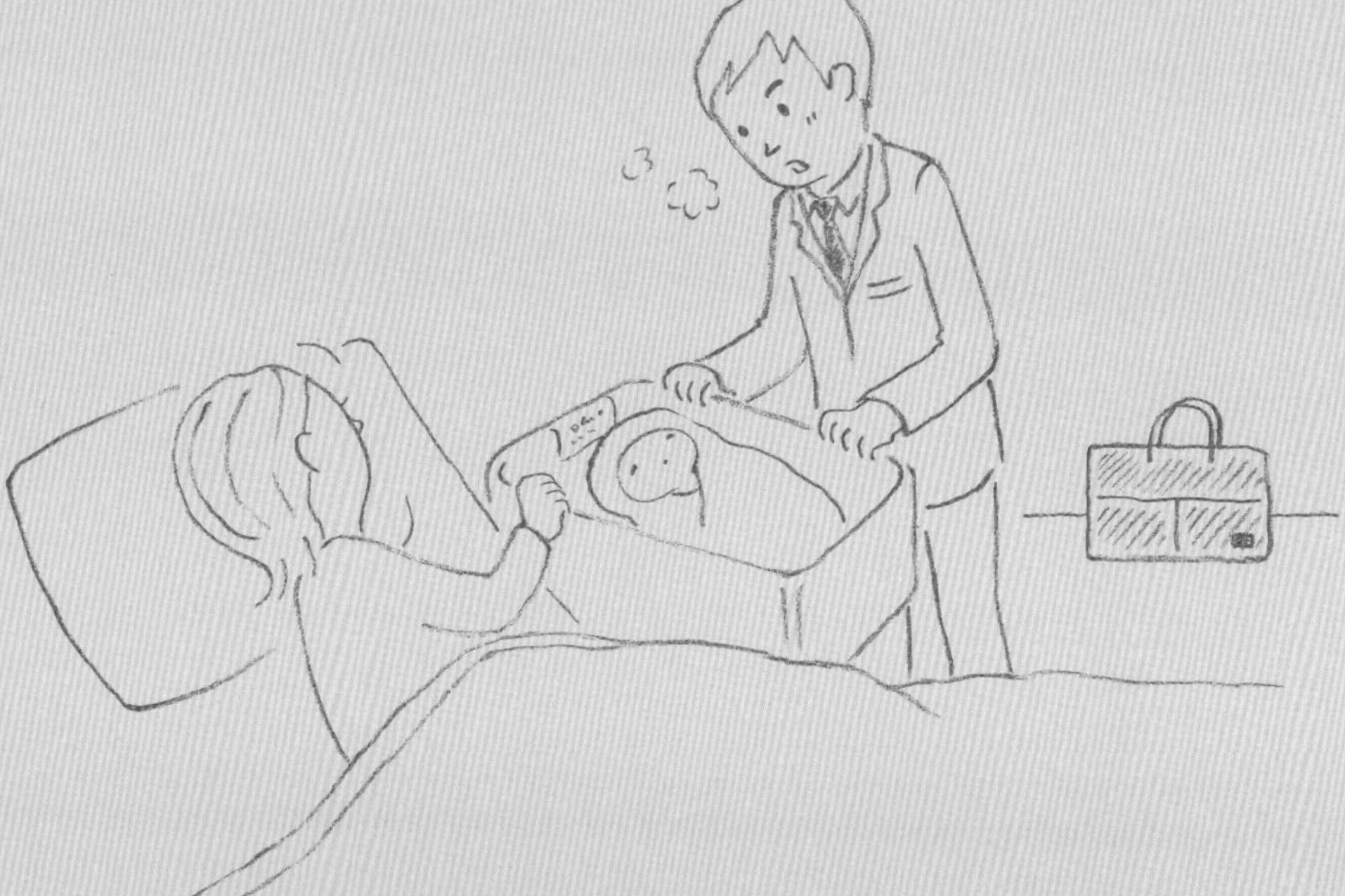

おとうさんの腕の中にいた自分を
想像してみる。

いちばん古い記憶は、
お風呂の中の
おとうさん。

おとうさんの胡坐《あぐら》は、
私の椅子。
ちょっと
ごりごりしてるけど。

からだを使って
遊んでくれるのは、
もっぱら
おとうさん。

「おみやげは？」
ときくと、
きまって
「ないよ」って言う
おとうさん。
でも顔に
「あるよ」って
書いてある。

P104に続く

第2章

おとうさんとあたし。

ムラマツエリコ

自分は 親の人生の一部でもあるけど
親も 自分の人生の一部であって
どんなにしんどくても
簡単に縁を切れば済むってもんでもない関係。

大事だと思うほどに厄介で
終わりのない人間関係だけに苦しくて
長く複雑に絡まっていく家族。

誰かが必ず
苦しんでいたり 困っていたり
何かをしでかしたりして
それを
支えたり 尻拭いしたり
板挟みになったり 助けたり
そんなことばかり繰り返していく家族。
家族って、苦しい。

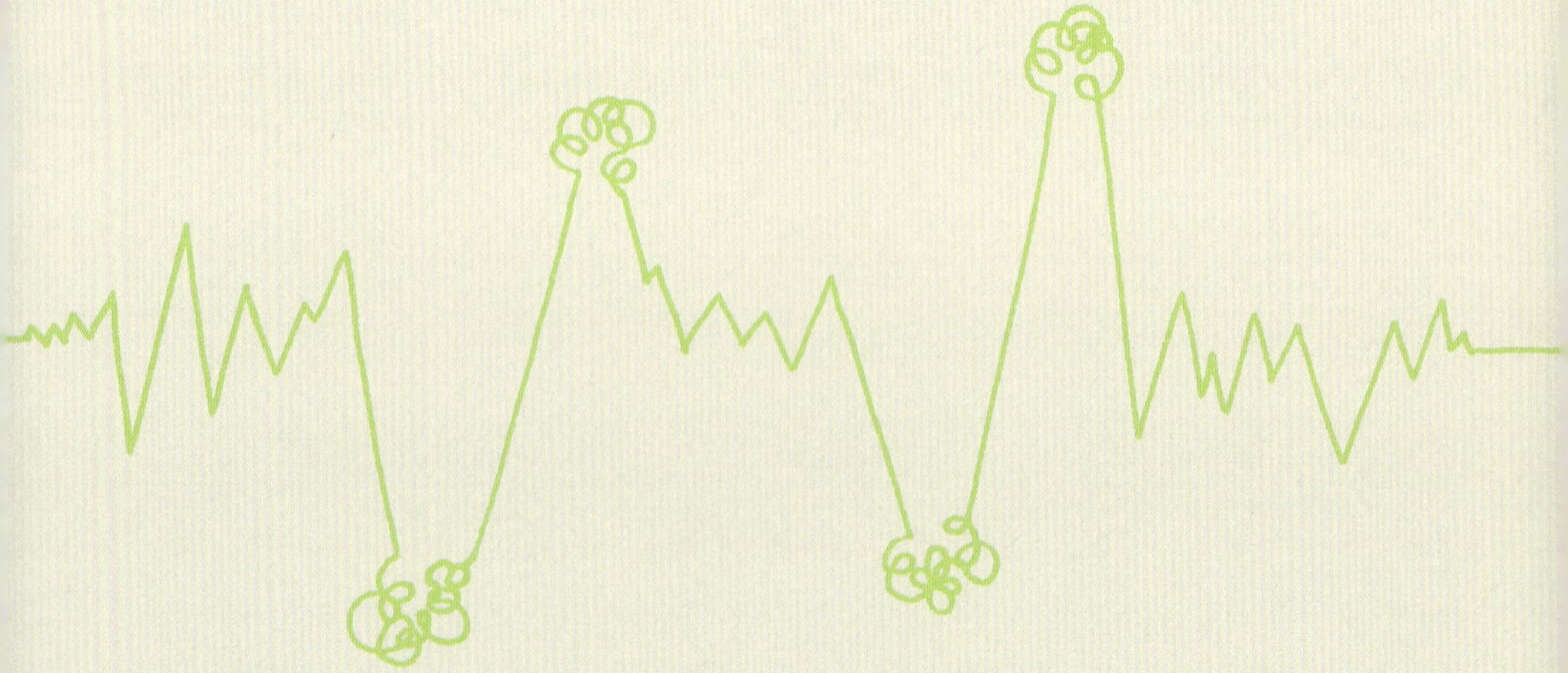

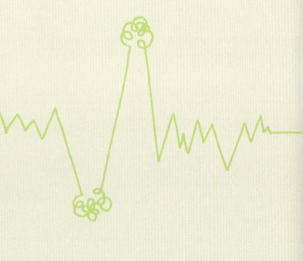

人に言われた言葉
「おとうさんが あんなにひどい人だったから
おかあさんをそこまで思えるんだね」
…………。

母親のことを、
大した人間でもないのに
そばにひどいヤツがいるから
守るに値する人だと思えてるんだね………
って、言われてる気がして悲しかった。

……そんなんじゃない。

そんな、
そばにいたひどいヤツ、という
苦しかった存在が、父親。

ありがとうもごめんねも生まれず
尊敬もできなくて、
そして恨んでもいたけれど。
亡くなってからも、何ひとつゆるしてもいないし
傷も癒えていないけれど。

ただひとつ、
彼がいない、という平穏が今ここにあることだけが
家族のしあわせだったりしている。
寂しい話だけど、今、
家族みんなの心が安定しているのだから仕方がない。

「尊敬」できないからって
「感謝」しなくていいってことではないな、と
自分を戒めてみた二十代の私は、
養ってもらえてきたことだけへの「感謝」を、カタチにしていた。
それはいかにもわかりやすい方法で、
父の日や誕生日に食事会を設け、プレゼントを用意し、
当時の自分にできるギリギリのお金をはたいて。

でも、その心の内にずっとあったのは
「おかあさんのため」。
父親の機嫌さえよければ、みんなが安らげる。
みんなが楽しければ
おかあさんに笑顔が生まれる。
だから結局は、すべて、おかあさんのため。

幼少の頃から私は、
父親の「虐待」を受けていたのか?と
大人になってから、気づかされた。

「虐待」の範囲や種類や程度が
当てはまるものかどうか、よくわからないが
妹はかわいがられ、私は目の敵にされる毎日がとても苦しかったのは、
全身でおぼえている。

当時は、虐待というより、
ただ単に自分がかわいくない子どもなのが原因、
そしてたまたま性格の悪い父親からの仕打ち、
そんな、うちの、ひどい親子関係……
という事態なんだ、と思っていたから。

「おとうさんと過ごした日々」を辿ると、
悲しい夜の記憶ばかりが映し出される。

会社から帰宅した父親が家のドアを開けた瞬間、
おかあさんと私、そして妹も、
ゾッとして立ち上がり、各自、無難な居場所へ移動する。
みんながビクビクしていた夜。

些細な何かが気に障ると一気に引火、
まるでナイフを向けて振りまわすかのように
相手が立ち直れなくなる言葉を吐いて、家族をズタズタにする。

一晩中ののしられた私は、
腫れあがった目と 熱く腫れた喉
しゃくりあげがとめられないまま、
ヒリヒリした心を冷やすつもりで
少しだけ眠る………

そんなふうにビクビクしていたわけだから、
父親と二人きりになったって会話なんか生まれるはずもなく、
たとえ機嫌のよい日でもちょっとしたことで豹変するのだから、気が気じゃない。
なるべく、そういうシチュエーションにならないように、普段から気を張っていた。

玄関の靴の状態、
物の置き場所、
冷蔵庫の扉を閉める音、
ドアやふすまを閉める音、
部屋を歩く足音、
紙袋などをクシャクシャさせる音……
それらにやたら敏感で、
さらに、
電話やお風呂、歯磨きの時間の長さ、
返事のトーン、たまたまの表情……

父親が青筋立てて怒る火種は　そこらじゅうにあって
たったひとつでも気に障ると、
朝まで続く罵倒がはじまることになる。

ただいまー！
元気よくドアを開けた私に
うるせー！
と、武器のようにうちわを投げ……
それは目の下に刺さり、
血の噴き出した傷をおさえて泣く私。

ある晩、
下を向いたまま返事をした私に腹を立て、
髪をわしづかみにしてぐるぐる振りまわし、
ふすまに投げつけた。
はずれたふすまと畳に挟まった私は、なんかもう、
大人になったらやり返してやるって思うことでしか、
自分の心を保てなかった。

そんな日々が虐待というのなら、
虐待を受けながら十代を過ごし、
そしてそのまま二十代になり
出来上がった自分の人格は、というと
父親のせいでこうなったんだと思えるものばかり。
「今となってはもう取り返しのつかない自分」を
感じながら、社会に出て行った。

それでも幼い私は、
父親の機嫌がよさそうな時は
歩み寄っていた。

寝る前に子どもらしくお話してみたり
おとうさんの二の腕の筋肉をつかんでおどろいてみせたり。

ある朝、とても機嫌がよかったので
新聞を読むおとうさんの背中を
パジャマで寝っ転がったまま、
足で二、三歩のぼってみたら……
いきなり はたかれ、怒鳴られた。

「足で
なんだ?!
親に対して!
このやろう」

……妹がいつもやっていることを、
私もやってみただけなのに。

おかあさんが朝まで罵倒されている姿を、
二～三ミリ開けたふすまの陰から見ていた。

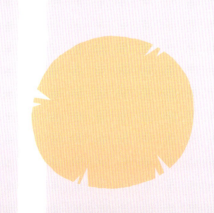

正座してうつむくおかあさん……
涙を流すと怒鳴られ、
答える声が小さいと怒鳴られ、
結婚当初からの話や
血筋や育ちの話にまで及ぶ様を。

くやしくて、くやしくて、くやしくて、
自分も、真っ暗な部屋で
嗚咽《おえつ》をこらえながら聞いていた。

……って、そんな夜ばかりが
父親と一つ屋根の下で過ごした日々の記憶。

集まった いとこたちと同じように
順番に おとうさんのお腹に飛びかかっていったら、
私だけ 払いのけられた。
お前まで来るな、と。

お泊りの夜、子どもたちでいつまでも騒いでいたら、
うるさい、とそのへんにあった分厚い辞書で、私の顔を殴りに来た。
あたしだけじゃない、って訴えたら、
今度は馬乗りになって、グーで往復殴った。

いとこと お使いに出かけて買ってきた果物は、
私が選んで買ってきたほうだけ、窓からすべて投げ捨てた。

ちょっと気に入らないと、怒鳴る、殴る。
晩ごはん抜き、ものを投げ捨てる、
妹をかわいがり、あからさまに差別、
私のやることなすこと、ほぼ全否定。
そして、「おまえのせいだ」と、おかあさんも責められる。
子どもの私は いつもビクビクしていて、肩でため息をついていた。

「そんなにこの子が憎いなら、私が殺して私も死ぬ」
ドラマでしか聞かないようなセリフを
あのおかあさんの口から、低く震える声で聞いた時
物騒な言葉ではあるけれど
おかあさんはずっと一緒にいてくれるんだ
って、安心したのをおぼえてる。

言われた言葉や仕打ちは、
もし謝られたって
消えない、
癒えない、
忘れない。
ゆるせない、
ゆるしたくない。

とにかく、謝る気もないだろうけど
仮にあったとしても、
謝ってほしくない、
謝らせない。

謝ってラクになられたくもないし
謝られた瞬間、ゆるさない側に非が移動するじゃないか。
謝らなくて当然だ、と思ったままの馬鹿でいてほしい。

おかあさんがよく言っていた。
「将来、
病床で、
『悪かったな』なんて
つぶやいたって
ゆるさない」

そんなひとことでチャラにされてたまるか！
という気持ちを、
おかあさんは、
父親の最期の時まで貫いていた。

幼い頃から続いた虐待、
恨みつつ闘い続けた十代、
刃物を突きつけられて身の危険を感じ、
夜逃げのように家を出た二十代。

私にとって父親は、世界でいちばん最悪な人間、と思えた。

ってことは……待てよ？

これが「最悪」なら、じゃあこの先はもう、
これ以上の嫌なヤツと出会うことはないってことか？

………なんて思ったら、なぜかラクになった。

糖尿病を患いつつも朝から晩まで布団の上で飲んだくれ、
四六時中の喫煙……を、定年後十年間毎日続けた父。

一日中座りっぱなしで筋力も衰え、朝から飲んでるから夜にはもう足腰立たず、
ろくに食事もしないから全身やせ細り……
ついには一人ではトイレにもいけない身体になった父。

家族に迷惑をかけたくない、とか、そんな心は微塵《みじん》もなくて
ありがたみや、人の心を想像することもできない。
きっと理想の父親の在り方というのは知っているのだろうけど
それを自分と自分の家族には当てはめられない、置き換えることを思いつかない。

酒浸り、毎晩夜中に転倒、怪我、失禁、だけど暴言は減らず。
おかあさんはほとんど眠れない日々。
それがもしアルコール依存症という病気だとしたって、
だったらかわいそう、ともなんとも思えない域。

とうとう入院、転院騒動、介護問題。病院、役所、施設、と闘い、
父親の病状、治療、その費用……を調べて勉強して、
くそぉ～、なんでこんなにやっててんだよぉ～あたし、とも思ったけど………
これも全部、おかあさんのためにがんばってたんだな。

おかあさんに倒れられたらかなわない。
あぁ今、寝たきりになっているのが、おかあさんじゃなくて、よかった………何度も思った。

父親の人格を辿ってみて、唯一救われたことがあった。

馬鹿だけど、限りなく馬鹿なだけで
ずるくは なかったかもしれない。
馬鹿なだけに ずるくもなれないってことだけど……
……ただの やなヤツ。
そう気がついた時、がっかりもしたが
ちょっと救われた。

人を騙す、ずるく立ちまわる、
そういう類ではなかった、ってこと。
逆に、困っている人と関わると、
たいして余裕もないのに
率先してお金で助けようとするクセがあった。
それも、きっと自分がいい顔したいだけだと思っていたが
だとしてもそれが百%でもないんだろうし。

そこだけ、唯一、救われた。

子どもの頃、
父親の職場を訪ねたことがあった。

事務所の中の父親が、
職場の人と和気あいあいと話し、
冗談を交わして笑っていた。

びっくりした。

みんながビクビクしているのかと思いきや、
いたってフツーのおっちゃんで、拍子抜け。
たぶん、
時々すごく気難しくて、怒らせると面倒だが、そうでなければフツー、
くらいのレベルで済んでいそうなのだ。
なんとなく、
この世で一、二を争う獣のような存在ではなさそうな一面を見て、
ホッとした……
そんなことがあった。

この親じゃなかったら
今の自分はどこにもいないのか、って気づいた時、
この、憎んでいる父親の遺伝子を運んでいる
自分という存在に、愕然《がくぜん》とした。

遺伝子というものが突き刺さり……

父親をただ憎んで闘って、
おかあさんを守って生きていけばいいだけではなくなった。

父親のカケラがいつか、自分から出てくると思うと
人と話すのが怖い、人と関わるのが怖い。

自分の中の父親が出てこないように
「気を張っていられる時間」に、
限界が生まれてきた。

自分の中の父親を消せない苦しみがはじまる。

たとえよそで褒められることがあっても、
褒め言葉の解釈は
すべてこうだった。

素直だ＝自分がないってことだ
人がいい＝馬鹿ってことか
誠実だ＝融通がきかないって意味？
明るいね＝裏表があるって言いたい？

そんなわけない、
そんなわけない、
あの父親の遺伝子を運んでいる自分が
そんな言葉通りの人柄なわけがない、
……って。

世の中には想像以上にいろんな人がいて、
そんな中で私は、
たまたまこんな父親の元に生まれてきて、
遺伝子まで背負い……
とっても「残念な話」。

単純に、残念な話って思いたい。

地球上で繰り返されてきた
気の遠くなる数の「現象」のうちの、
ほんのひとつでしかないって思ってみたら……
……あきらめがついた。

すべて、たまたま。
誰のせいでもない。
ただただ残念な話で、遺伝子を背負ったことにも意味はない。
起こっていることのすべてに意味なんかない、
そう思ったほうが心がラクになれることもあるんだ。

そんな父親に支配される、
そんな家族、そんな私だったけど。
父親が亡くなった時、ハッとした。
いなくなったのだ。

過去の傷は癒えないにしても
もう、憎み続ける対象がいない、
そしてこれから憎む意味も、ない。
今、以前のように困り果てることはもう、生じない。

あれだけ家族を振りまわしていた一人の人間の
姿、形、がなくなっただけで
それらのすべてが、
ない、のだ。

あっけなさすぎて
それだけに
ただ、ただ、くやしい、ばかばかしい。

……なんだったんだよ……………

父が亡くなって数年。
たびたび思い出すのはなぜか、
孫と手をつないで歩いている姿。
あの父親が、
孫の背丈に合わせるように背を丸め、
うれしそうに散歩をする……
そんな穏やかな、
これまでのことがなかったことにされそうな、
平和な光景を。

思い出しながら、
おかあさんがため息をつく。
「ずるいよね」と私が言う。
そして、
あの夜は眠れなかった、
あの言葉はゆるさない、
人としてありえない……と、
父親が繰り広げた悪夢な日々を思い返し、
並べていく。

しかし、それは、怒りの再燃というよりも、
定番の「ネタ」のようになっている。
オチをつけて、笑いながら、
私たちは何回も語り合う。

ずいぶん長い間 渦中にいたけれど、
その渦を抜けると、
それはひとかたまりに圧縮され、
長い人生のうちの、一部だったんだと、
そんなふうに思えるようになってきた。

何よりも今、
こんなことを、おかあさんと話して、笑って、
平穏な時を過ごせていることが、
とてもありがたい。

たとえ思い出話が、すべて父親の悪口であっても、
私たちにとっては、それが癒しであり、
これから生きていくための、
浄化の作業なのかもしれない。

今、私には、
おかあさんがいる。

幼い私が長生きのお願いをしたとおりに、
ちゃんと、いてくれている。

メールをすれば返ってくるし、
電話をすれば、声も聞ける。
会いに行けば、手作りのごはんが食べられる。

何かプレゼントをすることができる。
おかあさんが喜んでくれる顔、
楽しんでいる姿を見ることができる。

思い出話ができる。
まだ知らないことを、教えてもらえる。

こんなにも、
一緒に「今」を過ごすことができる環境だなんて、
なんてありがたいことか。

おとうさん、
この平穏な日々を
どこかで見ていたら……
うらやましがってね。

第2章　終わり

おとうさんは

朝、出かけていって、

夜、おみやげを買って帰ってくる。

日曜日には

一緒に遊んでくれて、

月曜日にはまた

どこかへおみやげを買いに行く。

車を洗いに行く時は、
かならず私を
誘ってくれる。

おとうさんが
いちばん
張り切る日。

テレビで
野球が
はじまると、
毎晩
この会話。

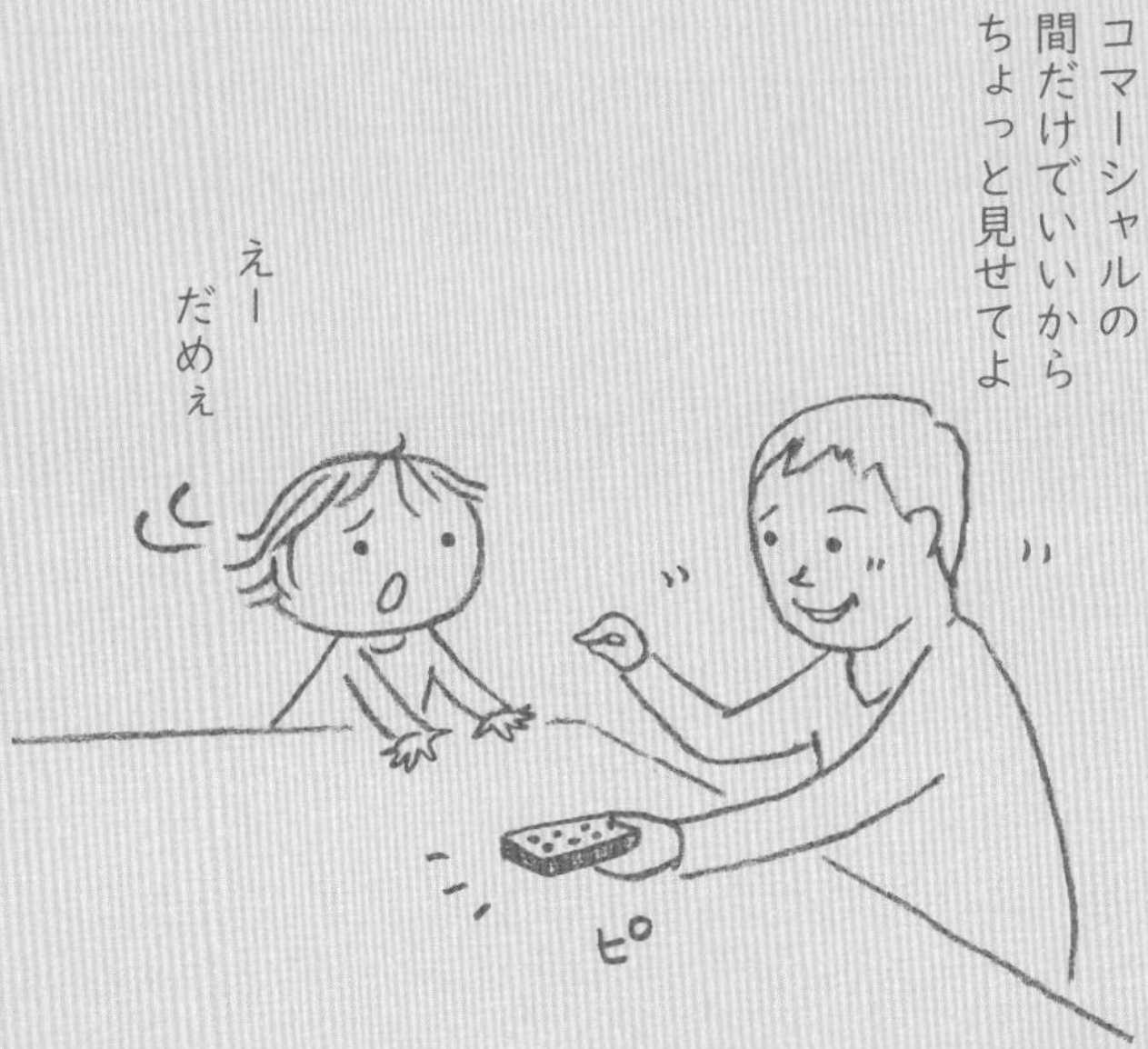
コマーシャルの間だけでいいからちょっと見せてよ
えー だめぇ
ピ

自転車の練習。
おとうさんが、
センセイに
なった日。

日曜日、
おとうさんが
棚作り。

その隣で、
弟子気取りで
指示を待つ私。

P132に続く

第3章

ムスメから おとうさんへ。

寄稿

まだまだ
たくさんの、
おとうさんとムスメの
お話。

「お父さんとわたし」　石川 久里子 40歳

「久里子と同じ質の娘がもう一人いたら、お父さんは心労で死んでいる」と言うほど、私は若いとき、反抗しまくっていた。出張が多く、家庭を顧みていないと、お父さんに対して勝手に感じていた私は、ある時からことごとく、やさぐれに走った。とにかくお父さんが嫌がりそうなことは、十二分にやってきた自負がある。

両親の近くで暮らすことはないと思っていたが、人生の流れでお父さんの故郷に東京から移り住んで十二年。初めて、お父さんの本当の質に触れた気がしている。

「強くて、物事をすぐに割り切って決められて、合理的、しかも冷たい」と、ずっと幼心で感じていたものを、払拭する時間が訪れた。お父さんは、人の気持ちを汲み取ることができる繊細さと勘の良さを備え、そして本当は、誰よりも気遣いをしたい人であった。

「もう仕事はしない。だって仕事するには、性格悪くしないといけないから！」

まだまだ現役でバリバリ以前のように働いて欲しいと当時願っていたお母さんに、お父さんがそう言ったことが忘れられない。

あー、きっと身もハートも削りながら、ずっとずっと仕事をしてくれて、家族を支えてくれていたのだと、やっと理解できるようになった。

仕事をリタイアした後のお父さんはとても穏やかで、出戻った娘である私と、まだまだ赤ちゃんだった孫に、私が子ども時代にしたかったことを、お母さんと共に、沢山経験させてくれた。

近場の海に行くとか、町内のお祭りに行くとか。そんなことが、私はずっとしたかったのだと。自分も忘れていた小さな頃のささやかな願望を思い出し、それをひとつひとつ叶えてもらった。

「本当は東京で結婚うまくやってくれるのが一番だったけど、でもみんなで近くに住めるのも、まぁ悪くないね！」

と、ばったり立ち飲み屋さんで遭遇したら、そんなふうに言ってくれるお父さん。

近くに住んで、お父さんのこと知られてよかったよ。

本当にありがとうね！

「ろくでもないお父さんで一つだけ良かったこと」　美智子 43歳

貧乏なのに趣味人で、お金に無頓着で、ええ歳して突然大型バイクの免許取って新車買って、数日後に転倒して骨折してみたり、私が大学生の時、私より年下の子と浮気して家族全員ドン引きさせたり、子供の学資保険を使い込んですぐバレてみたり、母と離婚後に連絡が来て心配して行くと、知らん間に再婚していたり、相手に連れ子もいて知らん間に私の兄弟増やしてみたり、と、何なん！ってことばかりで、いわゆる父親としては、ろくでもないお父さんだったお父さん。

その後、奥さんが病気で亡くなったことも、前住んでいた所にいないことも、全部風の噂で聞いたけれど、憎むでもなく無関心でもないこの感情は何なんだろうと、自分でもわからないです。

一つだけ良かったことは、血の繋がりとか、そこまでこだわらなくていいってわかったこと。いつの間にか解散していた私の家族。家族仲がいい人達を羨ましいなと思わないと言ったら嘘になるけれど、血の繋がりがなくても支えになる人が他にいれば、ちゃんと元気で生きていけること。人懐こい性格だけはお父さん譲りなのかもしれません。

お互い元気で！　元気じゃなくてもいいけど！

「別に思春期なんて来なくてもいい」　アン 14歳

私は中学二年生だけど、いまだにお父さん離れができない。

ほかの中二は思春期で、お父さんがあまり好きじゃないという時期かもしれないけど、私はいまだにお父さんにベタベタ。たまにムカついたりもう絶対話さないって思う時もあるけど、結局すぐ話しちゃって、ムカついてたことも忘れちゃう。

テスト期間中、勉強が嫌で嫌で泣きながら勉強をしていたら、わざわざ夜遅くまで勉強を教えてくれて、そのおかげで教えてもらったところは点数も上がって。一緒に笑いながら勉強してる時間がとても楽しい。

私が、好きな人や、かっこいい男の子の話をしたら、結構真面目な顔で怒ってくるし、結婚はさせないとかよくわからないことを言ってくるし、たまにあきれちゃうけど、買い物に行きたいとか、なんかを見てみたいとかって言うと、連れてってくれて、本当にお嫁さんに行けないかもって思う時もあったり（笑）。

クリスマスのイルミネーションとか、まわりは彼氏と行く年頃なのに、お父さんと手を繋いで一緒に行ったりして。夜寝る前にぎゅーってして、友達にはちょっと恥ずかしくて言えないなぁと思うぐらいラブラブな、私とお父さん。

私には、もしかしたら思春期が来ないかも知れないと思ったりもして。別に思春期なんて来なくてもいいくらい世界一大好きな、世界一自慢できるお父さんだよ。ずーっと一緒にいようね。

「お揃いのベンツ腹」　かとこ 43歳

十一年前の春、私はおとうさんに肝臓をあげた。

私が三歳の頃、おとうさんは交通事故の時に受けた輸血から、慢性C型肝炎になった。色々な治療を受け続けたが、徐々に悪化し肝硬変となった。おとうさんの顔は浅黒い緑色で、ゾンビの一歩手前。

最終的に移植という方法があり、提供できるのは二親等までと医師から告げられると、真っ先に私を思い浮かべたとおとうさんは言った。たしかに姉は体が弱かったし結婚して子どももがいるし、おかあさんも自営業で忙しい。入退院を繰り返しながらもせわしなく働く父の、死期が近いと言われてもピンとこない。……いやいやいや、私だって働いてるし、ダンスにもはまっているし、入院とか手術もしたことないし、注射すら苦手だし。即答で絶対に無理と断った。

ある晩、テレビを見ながら夕飯を食べていた時、とある政治家が出ていた。「この人は息子に肝臓もらって復帰したんよ」と、おとうさんはつぶやいた。私はそんな父の気持ちに折れて、肝臓をあげることにした。もし自分が死んだら？という不安はあった。おかあさんは反対してくれた。でも反対されたことで覚悟が決まり、それからは、おとうさんのことも含めて、前向きに考えようと思った。

術前、執刀医の先生からの説明で、ベンツ切りといってベンツマークのような三つ叉に分かれた形に切って肝臓を取り出しますと言われた。切り取った肝臓は元の大きさに戻ること、ドナーの命は必ず守りますとはっきり私に言ってくれたので、安心してその日を迎えられた。私が先に手術室に入り、ICUで一瞬麻酔から目覚めた時、誰かが居たので「おとうさんはどうですか？」と尋ねたら、「うまくいきましたよ」と言われ、ほっとしながらまた眠った。

翌日から私は、歩行訓練を始めた。まだICUから出られないおとうさんに連日呼び出されるので、イヤイヤながらもリハビリがてら病室からICUまで往復した。数日たつと、おとうさんには幻覚が起き始め、私に焼肉パーティーするからみんなを呼んでと言っていた。相変わらずの食いしん坊さにあきれつつ、おとうさんの生命力を感じた。

切り取られた肝臓も、あげた肝臓もやがて体格に合ったようにすくすく育ち、一ヶ月後に退院した。おとうさんの傷跡も、私と同じく、ベンツマークだった。

医師から太鼓判を押されたとおり術後の父は驚くほど元気になり、ゾンビ肌も気付けばすっかり健康な肌色に戻った。お酒を飲んでも大丈夫と医師から許可がでたと、父は嬉しそうに話し、お酒をたしなむようになった。私の肝臓は酒に強いと、褒められもした。時に「おらは酔っぱらっただー」とベンツ腹をポコポコたたきながら、まだ幼い孫の前で歌う。

いろんな病に襲われても、尽きない食欲と、歌い笑い飛ばせる生命力がおとうさんにはあったから、「今」があるのだろう。と、私もベンツ腹を叩いてみた。

「漁師の父」　ひろみ 35歳

漁師の父はカジキマグロを追いかけて長い漁に出ると、二日に一度、船の上から電話をかけて来てくれた。

当時は携帯電話が普及していなくて、船に積んでいた衛星電話の通話料金は馬鹿高く、音声は途切れたり遅れたりして聴こえた。

「今日は？　獲った？」「獲ったよ。もう少し獲ったら帰るよ」「寒い？」「寒いよ。お前たちもあったかくして早く寝ろよ」

聞くことも言うことも、だいたいいつも同じ。だけど、母と双子の妹と私は電話が楽しみ楽しみで、三人で固まって受話器に耳を寄せた。

あの頃、「早く会いたい、元気でいてほしい」と恥ずかしげもなく伝え合う習慣があったせいかどうかわからないが、妹と私は、今も父とよく電話する。実家にはWi－Fiが引かれた。父は孫の顔を見ながら嬉しそうに酒を飲み、そして必ず「ほら、寒いから（暑いから）、子どもたちに風邪ひかせるなよ」と言って切る。

何か特別なことをしてもらったわけではない。ただ父はずっとこんな風に、大事にしてくれたのだと、親になった今、改めて実感する。

「親子の距離の三駅分」　綾女陽子 41歳

私が就職した会社は、偶然父が勤める会社から歩いて一分ほどの場所だった。自宅から電車をひとつ乗り継いで約四十分の場所だが、晴れの日は二人とも乗換えの駅で降りて三駅分歩く日々を送っていた時期があった。

その距離は歩く時間にして二十分ほど。一緒に歩くというのでもなく、私たち親子は絶妙な距離感の中に居た。もう成人した娘と父との距離感は、毎日違っていた。物理的な距離の違いもあれば、心の距離もまちまちだ。何かひとつの話題に夢中になって三駅分並んで歩く時もあれば、一言も発することなく、なぜか五メートルくらいの距離を保ちながら歩き、それぞれの会社に向かう別れ際だけ合図する時もあった。

二十代前半の私は、父と歩いている姿を会社の誰かに見られると恥ずかしい気持ちがあった。だからといって、突き放すようなつもりもなかった。思い返すと、あの頃の時間は貴重だったと思う。私が東京に転勤になって、父も定年退職した今では、そういう時間はもう取り戻せない。だからといって、あの時もっとこうしておけばよかったというような後悔の気持ちはない。あの時期、あの年頃の、私たち親子にしか分からない独特の距離感と時間は、思い返せば思い返すほど長い距離と時間に思える。

「一度も言ったことないけど、好きやったっちゃな」　律子　53歳

お父さんが亡くなってもう十年経つのに、まだ向き合いたくない。胃がん切除して普通に長生きすると思ってたし、ただの風邪で入院してたはずがなんで人工呼吸器？と、お母さんからの電話で混乱した時のことが蘇ってくるから。

朝一番の飛行機で宮崎に帰るはずが、間に合わなかった。やっと授かった二人目の子どもがお腹にいる不安定な妊娠八週目に、まさか、お父さんの葬式に出るとは思わんかった。その娘が無事産まれた時の朝に見た夢。年配の男性がこっちを見守りながらそっと扉を閉める……。その人はタイコ腹じゃなかったから、手術後のお父さんやったのかな。娘の名前はお父さんと同じ「も」がつく名前にしようと決めてたから、百（もも）にしたよ。六人の孫の中で唯一会えんかったね。

若い時はイケメンだったのに、関取化していったお父さん。実家の座敷にあった西郷さんの写真、教科書で発見するまでお父さんだと思ってた。私の結婚式では、どこの親方？的袴姿と堂々とした宮崎弁のスピーチ、笑いを取ってくれて誇らしかったな。二重アゴとタイコ腹、最近は私もすっかり同じ体型になりました。

お父さん、また一緒に喜夢良《きむら》ラーメンにニンニクいっぱい入れて食べたいね。いつも大きくて怖い存在で、直接言った事は一度もなかったけど、亡くなってから思うことは、「お父さんのこと、好きやったっちゃな」ってこと。わかるのが遅すぎやね。……お父さんを思うと涙が止まらない、明日はお岩さんや～。

「パパ、ロクでもない娘でごめん」　野上絹代 36歳

パパ、私にとってパパは、いつも優しくてかっこいい存在だったんだ。忘れ物を届けに原チャリで高校に来てくれた時、演劇の初舞台を観に大学に来てくれた時、「お父さんかっこいいね！」と言われるたびに、心の中で「そうでしょ？」と自慢していました。

思春期に反抗期があまりなかったせいか、大人になってから、家に帰らなかったり、パパに冷たくしたり、とにかく心配させてごめん。二十七歳で私がシングルマザーになって、生まれたての娘と実家で暮らすことになった時、パパは責めることも慰めることもしなかったけど、黙って一緒にいてくれる、その距離感がとてもありがたかったです。

パパは二回目の脳梗塞のあと、みるみるおじいさんになり、記憶も曖昧になってしまったけれど、家にいる小さな孫のために、デイケアサービスでもらったお菓子を、食べずにティッシュに包んで毎日持って帰ってくれたよね。娘はまだ赤ちゃんだったから、そんなの食べられなかったけど、「家に守らなくてはならない存在がいる」ということを覚えていてくれて、ありがとう。

ママは、だらしなくてロクでもない男だったと言うけれど、私はそんなパパにさえ謝らなきゃなんないことばっかりしてきちゃった。

ロクでもない娘でごめん。素直に言えなくてごめん。でもずっと愛してる。

「全部ひっくるめて、」　アンゴラウサギ　43歳

母に怒られて泣く私を抱っこして「怖いお母さんじゃやな～」とあやし、母の怒りを倍増させたり。転んで頭から流血した私をおんぶして病院に走ってくれた時、父のお気に入りのシャツが真っ赤に染まっていたり。私が喘息と診断されるや煙草をやめてくれたり。幼い私に「アンゴラウサギ、おやすみ」と声を掛けてから飲みに行ったり。最近、急にアンゴラウサギって？と気になり検索したら、その姿に吹いた。お父さんはコミカルで飄々として憎めなくて優しかった。

が、時と共に美化されているのは否めない。歯磨きしていた小学生の私に「色気づきやがって！」と突然キレたり、祖母が認知症になりたての頃は拒絶していたのに、弱って施設に入った頃から急に親孝行になり、介護士さんの間で「優しい息子さん」と称賛されてうれしそうに差し入れしたり。母に執着し、泥酔時に妄想で嫉妬して暴力をふるったり。教育パパな反面、成人前から飲みに連れて行かれ、ビールが苦いと言うと、「口じゃない、喉で飲むんじゃ！」と指導したり。痩せた女性が好みで、私が学生の頃ぽってりして帰省し、食後にアイスを食べようとしたら「みっともない！」と騒いで阻止したり。愛犬リリーが息を引き取り号泣した際は「落ち着け！　リリーは死んだんじゃ！」と怒鳴り揺さぶられたり。小さな女の子を見て「あれくらいの頃はかわいかった。今じゃ一人で育ったような顔して」とボヤいたり。時折見せた微妙な部分は、人間らしさにあふれていた。

いつも母や私をけなした。母には「体は弱いが気は強い」だの、私には「お兄ちゃんたちと違って勉強ができない」だの。褒めないからこそ、大学の卒業制作を見た時の「たいしたもんじゃ」は、未だにうれしくて忘れられない。脳梗塞で倒れてからは、大好きだった車の運転も料理もギター演奏もできなくなった。ワインをこっそり買いに行って転び、かつて私を運んだ病院に運ばれたり、リハビリは気が進まない日々。ある日、「これまでずっと頑張ってきたんだから、しんどいなら頑張らなくていいよ」と言ったら電話の向こうで泣いていた。後遺症で、色々と忘れたり、トイレでは失敗、無口で無表情、いつもけなしていた母への感謝を口にしたり、切なかった。旅立つ半日前、お父さんは鮪と宝くじを母に買いに行かせた。好物を味わい、これでワインがあれば最高と言って母に怒られ、いつも通り2階に向かい、母の昔からのあだ名を呼んだ直後。街はハロウィンの仮装で溢れる時間、しかも宝くじ購入日なんて意味深でお父さんらしい。お通夜で、お父さん、カボチャか神様になって当てるつもりかな?と皆で泣き笑い。

死に水を取るとき、母は優しい顔で「やっと飲めるね」と、水ではなく父の大好きなサン・テミリオンを口に運んだ。と、父の口元にワインが垂れた。一同、息をのむ。赤いしずくが父の口に吸い込まれていったからだ。後日、宝くじは見事外れた。「感謝知らずの女～」と、お父さんが母や私をからかう時の歌が聞こえた。

まだまだ、ムスメからおとうさんへ

■「自分一人で生きていけるように」と、経済的に大変な中でも教育費を出してくれました。「ありがとう」の言葉と、私もお父さんの考え方を受け継いでいきます。（よしこ・80歳）

■パパと似ているところ。小指が少し内側に曲がっているところ。グランマもそうだよね。あと、顔がさつまいもみたいな形をしているところ。でも最近は、私が少しぽっちゃりして、じゃがいもになっちゃった。一番似ているのは、明るい性格とせっかちなところ。家族でお出かけする時は、2人でどんどん先を歩くよね。私はパパと似ていてうれしい。親子って不思議だね。（うたは・9歳）

■受験、就職、結婚など「人生の節目」のとき、私へのアドバイスの言葉は無く、でもあたたかく見守ってくれた父。自分の人生は自分で決めて自分で責任をとりなさいということなんだと、今ではわかる。お父さんありがとう。（みわこ・49歳）

■父と変わらぬ年齢の夫を初めて紹介したときに、「弟分だ！」と盛り上がり、カラオケで一緒に踊りはじめたのは想定を上回る反応でした。結婚式でも、お色直しして再入場する時にはタバコ休憩で離席、各席での写真撮影では変顔、電報をいただいた先生のことを批判、といった新婦の父らしからぬ言動で周りを驚かせてくれましたね。おかげで、「愉快なお父さん」と言ってくれる夫や友人、上司の優しさに改めて感謝できました。（えみ・27歳）

■パパとパジャマであそぶときがすき。でもパパとママと3にんでごはんをたべるときがいちばんすき。（みこ・5歳）

■父は、怒鳴る人でした。子ども心に禍根を残すことを身を以て教えてくれました。本人はもう、すっかり覚えてないんだろうけどね。他山の石とするのみです。同様の環境で育ったのに、許している同世代の人を見ると、自分の心の狭さを感じます。父は現在まだ70代で元気なので近寄りません。90代くらいで父が衰えたら、もう少し歩み寄ろうかなと思う。親子であってもわかりあえないということを教えてくれる、貴重な存在です。（krrn・44歳）

■いつのまにか会話が減り、実家への連絡はいつも母の携帯宛。たまに家の電話にかけて父が出ようものなら、お互いめちゃくちゃ気まずい。この症状がなかなか厄介なわけですが、これからも無理に合わせたり避けたりせず、自然体でいきましょうね。（yuki・51歳）

■学校から帰った時、お父さんの靴や車があると、ああ帰ってきているんだなあって憂鬱になった。機嫌が悪いとすぐ怒るし、苦手な算数を教えたがるのも嫌だった。私が成長するとともに、お父さんも丸くなって話しやすくなっていったね。でも、年に数回、お酒を飲みすぎてお母さんに絡んで悲しませるのがやっぱり嫌だった。おとうさんが亡くなった時、昔いっしょに行ったお祭りでビードロを買ってうれしかったことを急に思い出した。でも、あのビードロ、お父さんが酔っぱらって割ってまた買い直したんだよね。（アラフォー娘）

■父さんがいなくなって数年経ってやっと、厳しく育ててくれてよかったと感謝できるようになったよ。こんな日がくるんだね。（シフォン・43歳）

■お父ちゃん大好き（nana.・17歳）

■パパだいすき。おしごとからもっとはやくかえってきてあそんでね。でも、ほいくえんの△くんがいちばんすき。パパは２ばんめだよ。（きっき・５歳）

■料理が得意なパパ。唐揚げが食べたいと私が言うと、いつも揚げてくれる。でもそれは、骨つきの……それはフライドチキンやんけー!! 思ってたんとちゃう!!ってつっこみたいことも何度かあったけど、どれも美味しかったから許しちゃう……。いつも作ってくれてありがとう。（さきてぃ・14歳）

■小さい頃、父が大好きで後ろをついて歩いた。思春期、話し好きな父が鬱陶しい。仕事を始めた、愚痴を聞いてくれた。子供が産まれた、よく本を読んでくれたおかげで娘は、本好きに。父がボケた、手を焼いたが、会う機会が増えた。最後の会話はなんだったろう？ 今でも父を想うと涙が出る。（じゅんこ・49歳）

■父は、九十五歳で亡くなるまで私の事をいつも気づかって、買い物にも付き合ってくれましたネ。今までありがとう。天国へ先に逝った母に会えたかな、カンシャ、感謝です。（みや・76歳）

■がんの再入院後、「サッカーの試合、観に行きたいなあ」と言っていたね。体力が落ちた車椅子の父が、都内まで一時間以上も車移動して、孫のサッカー観戦するのは難しかった。それから一年以上経ったある日、奇跡的に実家近くの我が母校との交流試合の話が舞い込んだ。ここなら、車椅子の父でも十分で行ける。念願の孫の試合を観戦できた。私が横で「背番号28番のアレだよ」と教えたが、目が悪いので認識できていたかはわからない。でも頷きながら静かに観ていたね。かつてはゴムボールを一緒に蹴っていた孫は、お父さんの背をとっくに追い越して、こんなに広いグランドで走り回れるようになったよ。なんだか親孝行できた気がした。その半年後、お父さんはいなくなっちゃったけど、あの試合は絶対にお父さんが起こした奇跡だと思う。ありがとう。（みき・42歳）

■父は口笛が上手だった。ジャイアンツが勝ってる時、お風呂の時、髭を剃っている時、ビブラートをきかせた陽気な口笛は友達の間でも知られている程だった。歳をとり体が弱っていくうちに、髭はあまり生えなくなり、お風呂も訪問入浴になり、口笛も吹けなくなったけど、私には今でもあのビブラートが聞こえるよ。（みっこ・43歳）

■おとうさん。考え始めると微妙な思い出や未だに解決しないモヤモヤが出てくるので危険な話題ですね……。（M・38歳）

■三歳の時にママが入院してた間、二回もパパの仕事場に入ったよね。パパがお薬を調剤する部屋にまた行きたいな。でもいつもお仕事から帰った時、綾ちゃんと圭くんがママとお風呂入ってて、お風呂のドア開けて「ただいま」言うのはやめて。お仕事服着てるパパに綾ちゃん裸見られるのがなんかやだ。（綾・9歳）

■３年前、母を見送ってからの父の株は上がりっぱなしです。80歳になるのに家事をテキパキとこなして、趣味の野球を続けてシニアチームで活躍中。男身独り、スーパーへの買い出しも心細いかなと最初は付き合っていましたが、「お母さんが元気な時から買い物行かされてたよ！」とのこと。可哀想だなーなんて思う間も無く、父は今も母がいた時と変わらないペースで暮らしています。母との思い出いっぱいに。（恒子・48歳）

■おとうさんへの気持ちは人それぞれなんだろうね。他の人たちがどう思っているか興味あるわ。うちの父は、絵本の『わすれられないおくりもの』のアナグマみたいな人だったんよ。生きていく術は全部教えてもらったわ。もう会えない寂しさはあるけど、自分の役目は終わったと思って旅立ったんだと思うわ。アナグマの話はいつ読んでも胸が熱くなる。自分もこんな風に娘に伝えられるかわからんけど、父親に教えてもらったことは伝えていきたいと思う。（まーしゃ・44歳）

■パパ、毎日おいしいごはんを作ってくれてありがとう。パパのごはんの中だと、ぶたのかくにがすきかな！　かいがいにひっこしてから、こまっている私をたすけてくれてありがと！　いつでもやさしいパパがだいすきです！（もも・9歳）

■〇〇ちゃんちのパパがよかった。優しいから。（U・7歳）

■私が母のお腹の中にいた頃、胎教に良いと評判だったモーツァルトのレコードを母が流すと、すぐに父が河内音頭のレコードに変えて聴かせようとしたらしい。私が大学生になってから出合った音楽「SKA」のリズムに夢中になった時に、ふと母がそのことを思い出して話してくれた。SKAと河内音頭のリズムは同じだったからだ。母は私がSKAに夢中になるのは、あの胎教のせいだと言った。（ようこ・41歳）

■お父さん、最近は一年に二度程しか会えないけれど、孫達はじいじのことが大好きです。三人の子を持つ四十三歳の私の耳元で、今でも「愛してるよ」って小声で言ってくるの、やめてください。照れ臭くて、つい「はいはい」とあしらってしまう私は、まだまだ思春期の娘のようですね。次に会う時は、「私もだよ」って言ってみようかな。（あきこ・43歳）

■父は寡黙な人。あまり話したことはないけど優しかった。私が中学生の頃、明日は剣道の試合があると母や妹に話していたら、その時は何も言わなかったのに、翌日、試合中に父の姿が見えた。仕事を抜けて見に来てくれたことがうれしかった。人がよすぎたばっかりに保証人になって塩田や財産は失ったけど、父が亡くなった時、町内中から見たことがないほど大量の花輪が寄せられ、ズラーッと道沿いに並んでいたことが忘れられない。（yucco・76歳）

■お父ちゃん、愚痴を言わないけど、仕事をするって、本当に大変なことだって、この歳になって知りました。私達のために、毎日頑張ってくれてありがとう。また飲もうね!(長女なっちゃん・21歳)

■家がお父ちゃん手作りのログハウスということが、ずっと私の自慢です。いつまでも、ちゃあちゃんと仲良しな夫婦でいてください。いつもありがとう!(次女あっか・19歳)

■おとうちゃん、毎日迎えありがとう。車の中でその日にあったことを話せるのがうれしいです。いつか沖縄に連れて行くね。(三女くー・17歳)

■昔、「ムスメが語るおとうさん」をテーマにした本づくりに関わった人に聞いたことがある。アンケートを取ったら、「書きたくない」、「思い出したくない」、「気が進まない」、「重すぎる」という、気持ちを書く前に辞退する回答が結構あったって。そして私も今回、書こうとしたけど書けなかったです。(medanpi・48歳)

■お父さんが誰より好きすぎてカレシができてもつい比較しちゃうから、いつまでたっても結婚できないよ。そんなことを帰省するたび、お父さんに愚痴っているうちに天国に行っちゃうなんて。私に無償の愛をくれた男の人はお父さんだけだし、本当に理想の人。(H・46歳)

■いつもマオを認めてくれてありがとう。ありがとうしか思い当たらないんだ。(マオ・15歳)

■じゃまになる場所で寝ちゃうところ、親指の形、似たくないところが似るんじゃなくて、温厚でふところデカくて優しい家族想いなところが似るように頑張ります(笑)そういうところ、ちゃんと見てるからね!(ゆーり・20歳)

■パパはものすごくおもしろい!だって、パパが〝何にでもかけてみよう!クリーミーパクチーソース〟を買って来た時、「何にでもかけていいんだよ!寝てるみちゅの顔にもかけていいんだよ!」と言ったから少しむかついて、「もしかけたらパパが寝てる間に、顔にタバスコかけるよ!」と言ったら、「それは『何にでも』って書いてないからダメだよ!」と言ったから大ばくしょうしたよね。今も思いだすとわらっちゃうな!(みちゅ・9歳)

■父の遺品整理の時に発見してしまった『四十八手の本』。母に見られないように封筒に入れてタンスの奥に隠していたのだなぁと中坊っぽさに笑えた。（ひぐ・38歳）

■私が小さい頃、お母さんのお気に入りのオーバーオールを、かかし祭りの衣装に勝手に使ったお父さん、ロクでもないなと思っていたけど、今もヘビ捕まえて喜んでて、大して変わってないね……。ただ、昔は乏しかったから、愛情表現がひねくれていたと、今ならわかります。子どもを３人育てなければいけないプレッシャーと闘っていたことも。今ようやくひとりの人間として自由に生きられるようになって、お父さんも人生の新しいフェーズに入ったんだなぁとしみじみします。早く山小屋に住んでamazonで物資を買いながら、釣りと狩猟を楽しむというアウトドア老後が来るといいね！　遊びにいく！（生まれた時から瓜二つ・32歳）

■パパは、わたしがすねて、おへやにとじこもったとき、いつもパパからこえをかけにきてくれるね。ママは、なかなかこないよ。パパ、だいすきだよ。（ことは・6歳）

■噛んでも噛んでもなかなかなくならない、ガムともまた違うフシギな食べ物を、物心ついた頃からあなたと一緒に食べていました。商店街やスーパーの軒先、香ばしいタレの匂いに誘われて、屋台のおじさんにあなたはいつも「シロ」と言って、串に刺さったそのフシギな食べ物を小さい私にもくれましたね。「黒じゃなくて白なんだ」と思いながら、甘じょっぱいタレの味がぜんぶ抜けるまで噛んでも、こめかみが痛くなるまで噛んでも、それでもまだなくならない、そのフシギな食べ物が「豚の大腸」だと知ったのは、いいかげん大人になってからでしたよ。理科の教師だったあなたからは結局、理科の「り」の字も教わらなかったけれど、そんなフシギでオイシイ食べ物がこの世にあることをあんなに早く教えてくれたお父さん、あなたは、私のやっぱり先生だったんですね。お母さんの知らない、お父さんと私、二人だけの秘密の食べ物が、五十になった今でも大好きです。（きょん・50歳）

■私が父へ手紙を書いたら、それだけで本になるほど長くなるから、父に言われた言葉を。「お前の歳で体重が増えんのは、人間としての成長も止まっとんじゃや。わはは」（ゆうこ・43歳）

■「父さん居るー？」学校から帰宅して第一声がそれでした。兄弟姉妹六人全員で毎日、父さんの取り合い。みんな父さんが大好きでした。父さんはとても優しい人で、時々注意はするけれど、怒るということはまずなくて、怒られた記憶がありません。いつも、子供たちと話す時は、ちゃんと理解が出来るように、目を見てゆっくり話してくれました。そんな時の父さんの目、今も鮮明に覚えています。ある時、病に倒れた時のこと。床にふした父さんの布団の周りを走り回って遊ぶ子供たち。それを見てすごい剣幕で叱りに来る母さん。すると、父さんはそんな母さんに静かに言いました。「子供はこれくらい元気なのがいいんだよ。」父さんは、とことん優しい。今思えば子供たちは皆、父さんが大好きだから、いい子にしていたんじゃないかな、と思います。（Y子・78歳）

■卒業以来25年ぶりに、息子の試合で訪れた母校。私が通っていた頃は、運動会で地域対抗リレーがあり、父と共に出場しバトンを繋いだ校庭。その閉会式の時、朝礼台後ろの片隅で着替えをしている父を発見。学級委員だった私は一番先頭で、今は亡き父がズボンを脱ぎはきするのを見たのが蘇ってきたよ（笑）。（波・40歳）

■父親を尊敬したことはない。親だと思ったことも、ない。父親の存在を知らないほうが幸せって思っていたけど、今は反面教師として役立ててるから、逆に知ってよかったくらいには思えてる。（はるな・27歳）

■幼稚園の頃、女の子同士の輪にうまく馴染めず悩む私に「じゃあ男の子と遊べばいいやん」と言い放った父。それからも時折「嫌いなやつには恩を売れ」など、独自の視点で助言をくれた。親としてどうかと思う言動も数え切れないぐらいたくさんあったけど、「何が起きてもネタになる」と気持ちを切り替えられるようになったのは父の屁理屈のおかげかもしれない……。（しば・28歳）

■お総菜のスパゲティサラダ、たこやき、551のぶたまん、夜中にちょっと食べるカップ麺。典型的な企業戦士でほとんど家にいなかったお父さんなのに、ジャンクな味の魅力はしっかり教えてくれました。最近はお互い胃が弱くなったけど、これからもほどほどに悪い味を楽しみましょうね。（Y美・39歳）

■料理上手で、なんでもできるパパ。本当はまだ幼かった私たちの手伝いなんてただの足手まといなのに、ハンバーグをこねる作業をしただけで「すごいねー」「えらいねー」って言ってくれました。ママが死んでからずっと、男手ひとつで育ててくれたパパの背中は、世界で一番かっこいいです。力持ちで、でも腹はパンパンで、面白いけど頼りがいもあって、完璧だけど、どこか欠けてるパパが大好き。私が中学生になった今でも仲良し。（ひなこ・14歳）

■いつも苦虫をかみつぶしたような顔をしていた父ですが、思い出すのはなぜか、父母会に来てくれた父、身体が弱かった私を病院に連れて行ってくれた父、修学旅行に行く時、当時は高価だったカメラを持たせてくれた父……。笑顔を見た記憶はないけれど、きっと、照れ屋で昔風で……ほんとは優しい父だったんだと、今はそう思えます。（M子・76歳）

■漢字で書くと「お義父さん」だけど、私は「おとうさん」の字面を思いながら呼んでいます。おとうさんは、いつもご機嫌でウィットに富んでいて人の悪口を言わず、とにかくほめる人。お母さんや息子や娘のことを、人前で思いっきりほめることに最初は衝撃を受けました。食事中にネガティブな話を一切しないことも。こんな父親が世の中にはいるんだなって。親戚の飲み会ではいつも義兄と、おとうさんみたいな上司だったらな、おとうさんが父親だったらなと盛り上がる。もし、私がおとうさんの子だったら、自己肯定感が高くて生きやすかったかもしれないと思います。（U・A・44歳）

そして あなたの、
おとうさんへの思いを
ここに。

大好きだったのに、
なぜだかイライラしたり、
ときに恥ずかしく思ったり。
おとうさんのとまどいも感じつつ、
目まぐるしく変わる私。

いつかまた、
かならず大好きに戻るから
待っていて。

ちょっぴり
人目が気になる
小学校高学年。

いつものように
手をつなごうとする
おとうさんと、
さりげなく（？）
回避する私。

なぜだろう。
おとうさんに、
前みたいな
笑顔が返せない。

中学、
高校、
大学……
今思えば、
おとうさんが
いちばん
遠かった
あの頃。

離れて暮らすようになって、
なぜか近くなった気がする
おとうさん。

晩酌に付き合ったりして。

すっかり大人になった自分。
同じ大人として
父を見る。
逆転してしまったのは
いつだったのだろう。

母も妹も
「じぃじ」と呼ぶ。

私だけは
かたくなに、
「おとうさん」と
呼び続ける。

ある時から
この日常は
永遠じゃないんだと、
いつかは
終わるんだと、
心の中で
カウントダウンを
はじめた自分。

おとうさんとムスメのカンケイ。
それはもう、
ひとことでは言えない、
さまざまなカタチ。

仲がよい二人、
会えばケンカばかりの二人、
ほとんど会話のない二人、

子どもの頃は仲がよかったのに
今は疎遠になってしまった人もいれば、
大人になってから仲よくなった人も。

今も すぐそばにいるおとうさん、
もういないおとうさん、
最初からいないおとうさん、
いるかいないか よくわかんないおとうさん、
よくもわるくも すごい存在感のおとうさん……

ムスメも いろいろだけど、
おとうさんという生き物は
ほんとに いろいろで、

だから
おとうさんとムスメのカンケイは、
ひとつとして同じものがない。

あとがき。

この本は、過去と向き合い、湧き上がるいろいろな感情と付き合いながら つくりました。
苦しい作業もありましたが、こうしてカタチにしてみて、よかったと思っています。

第3章には、多くの方に、文章をお寄せいただきました。
そのおかげでこの本は、私たちだけの小さな物語ではなく、
世の「おとうさんとムスメ」の、普遍的な物語になったと思います。

「ムスメ」のみなさん、
この本の中に、過去の、現在の、未来の……あなた と おとうさんが いましたか?
「おとうさん」方、
ムスメたちは こんなふうに、あなたを思っています。

いろんな方が、いろんな思いで、手に取ってもらえたらうれしいです。

文章をお寄せくださったみなさま、そしてこの本を世に出す後押しをしてくださった
編集の金井亜由美さんに、感謝申し上げます。

そして、おとうさん、ありがとう。

k. m. p.
ムラマツエリコ
なかがわみどり

著　者

k. m. p.

なかがわ みどり　ムラマツ エリコ

2人で活動しているデザインユニット。
旅に出て旅行記をかいたり、
イラストをかいたり、雑貨をつくったり…
カタチにこだわらないモノづくりをしています。

著書には、
『おかあさんとあたし。①&②』（大和書房）、
『おかあさん、ずっとみてて。』（KADOKAWA）、
『k.m.p. の、ハワイぐるぐる。』（東京書籍）など。

Special Thanks

第３章で
おとうさんへのキモチを
寄せてくださった
「ムスメ」の みなさま。

ムスメから おとうさんへ。
いろんなキモチぐるぐる

2019年　7月　17日　第1刷　発行

著者
ブックデザイン　k.m.p.《ケー・エム・ピー》　なかがわ みどり　ムラマツ エリコ

発行者　千石雅仁

発行所　東京書籍株式会社　〒114-8524 東京都北区堀船 2-17-1
TEL 03-5390-7531（営業）　03-5390-7512（編集）
https://www.tokyo-shoseki.co.jp

印刷·製本　図書印刷株式会社

ISBN 978-4-487-81292-9 C0095

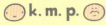

東京書籍の k.m.p. の本

『k.m.p.の、ハワイぐるぐる。』

車で一周、ハワイ島 オアフ島 の旅。

次のハワイは レンタカーでと思ってる方に。
ハワイ島のディープな情報から、
オアフ島・ワイキキの ベタな過ごし方まで。

本体 1,300 円（税別）

『k.m.p.の、台湾ぐるぐる。』

約20都市を、1ヵ月かけて 一周した旅。
きゅん、とする 台湾の魅力と、
旅のヒントが詰まってます。

本体 1,300 円（税別）

『k.m.p.の、タイぐるぐる。』

ちょうどいい旅スタイルでまわった7都市。
バックパッカーほど強くない旅人ならではの、
旅のコツとこだわりをお見せします。

本体 1,300 円（税別）

『k.m.p.の、おまけのキモチ。』

簡単にできるラッピングのコツ、 満載。
10種類の「ふろく」付いてます ↓

本体 1,200 円（税別）

↑
これだけ、旅じゃない本です

『k.m.p.の、モロッコぐるぐる。』

青い町シャウエン、赤い町マラケシュ……
安宿のコツや、 砂漠での過ごし方なども。

本体 1,200 円（税別）

『k.m.p.の、○○ぐるぐる。』